3 novembre 1855

PREMIÈRE VENTE
Après décès de M. BERTRAND, *Calligraphe Académicien.*

CATALOGUE
D'UNE COLLECTION
DE BONS

TABLEAUX

ANCIENS

Des Écoles Italienne, Hollandaise, Flamande et Française

DONT LA VENTE AURA LIEU

HOTEL DES VENTES MOBILIÈRES
RUE DROUOT, 5
Salle n. 5, dite des Séances

Les Mardi 13 et Mercredi 14 novembre 1855, à une heure.

Par le ministère de M⁰ **DELBERGUE-CORMONT**,
Commissaire-Priseur, rue de Provence, 8,

Assisté de M⁰ **FEBVRE**, Appréciateur d'objets d'art,
rue de Choiseul, 15,

chez lesquels se distribue ce catalogue.

EXPOSITION PUBLIQUE
Le Lundi 12, veille de la vente, de midi à 5 heures.

—

1855

CONDITION DE LA VENTE :

———

Elle sera faite au comptant.
Les acquéreurs payeront 5 p. 100 en sus des adjudications applicables aux frais.

De tous les sentiments qui élèvent l'âme humaine, le plus noble est sans contredit l'amour des beaux-arts, car tout en développant au plus haut degré l'intelligence de celui qui en est pénétré, il favorise les talents qui font la gloire des grandes nations.

Depuis quelques années, cet amour des beaux-arts s'est accru à un tel point que, lorsqu'une vente importante de tableaux ou d'objets de haute curiosité est annoncée, de nouveaux amateurs apparaissent aux expositions et aux enchères, disputant aux anciens des œuvres que ces derniers abandonnent étonnés des prix auxquels ils se sont élevés. Mais, si nous avons la douleur d'avouer la disparution des galeries de haute renommée faciles à compter autrefois, nous avons la satisfaction de voir surgir chaque jour de nombreux cabinets riches des objets d'art les plus recherchés. Ce changement se fait au profit de tout le monde, aussi devons-nous nous en féliciter.

La Collection agréable et variée de M. Bertrand se compose de beaux échantillons de toutes les écoles, de petites toiles et de panneaux d'un faire vraiment remarquable, de compositions naïves et charmantes dans tous les genres, dues aux pinceaux austères ou gracieux des maîtres italiens, hollandais et flamands, puis enfin de ces morceaux pleins de verve et de l'esprit qui caractérisent notre école.

Cette réunion de tant d'œuvres diverses et recherchées,

formée par un homme de goût et de talent, offre le plus vif intérêt. Calligraphe distingué, M. Bertrand était en quelque sorte le dernier survivant de cette école classique dont les modèles donnés dans les lycées sont encore de véritables trésors d'amateurs ; de cette école très sérieusement cultivée dans les siècles derniers et dont Henri IV fut le premier protecteur; qui eut pour fondateur Jarry, célèbre imitateur des manuscrits du moyen âge, et pour continuateur Barbedor, maître d'écriture de Louis XIV ; de cette école enfin qui prit un essor tel, qu'en 1748, Louis XV créa, en son honneur, l'Académie d'Écriture, illustrée par les Rossignol, les Verdet, les Dejernon, les Julien Leroy, les Bernardet, et terminée en quelque sorte par M. Bertrand, auquel ses œuvres calligraphiques assurent un rang distingué au milieu de ces illustres plumes éteintes, dont nous venons de rappeler les noms glorieux.

Payons donc un tribut d'amitié à cet homme d'élite que nous avons particulièrement connu, à cet homme qui, sous la rudesse d'un caractère formé dans les camps, cachait une organisation supérieure et une âme d'artiste.

En rédigeant notre Catalogue, nous nous sommes imposé l'obligation de respecter la plus grande partie des attributions données par M. Bertrand lui même; amateur sérieux qui, au frais éclat du vernis et au brillant des dorures modernes, préférait non sans raison la blonde harmonie que donne le temps aux peintures anciennes.

Quelques dessins de maîtres, de vieilles gravures, des bronzes antiques, des pièces d'écriture des maîtres les plus célèbres, donnent à cette vente un véritable caractère d'érudition qui nous assure l'heureux concours des connaisseurs et des amateurs distingués.

A. FEBVRE.

PREMIÈRE VENTE.

DÉSIGNATION

DES TABLEAUX

École Italienne.

ALBERTINELLI.

1 — Sainte-Famille. — Sur bois de cèdre.

BASSANO.

2 — A la vue de son fils accablé sous le poids de sa croix rédemptrice, la mère de Dieu succombe à sa douleur et s'évanouit près des saintes femmes éplorées.

3 — Les bergers, la Vierge et saint Joseph adorant Jésus nouveau-né.

BASSANO (attribué à).

4 — Jésus et ses apôtres au Jardin des Oliviers.

GIO MARIA BELLONGÉRI.

5 — Jésus se rendant au Temple.

GAROFALO.

6 — Sainte-Famille; la Vierge, saint Joseph et saint Jean en adoration devant Jésus. — Collection Costa de Plaisance.

BONVICINI.

7 — Le mariage mystique de sainte Catherine.

CANALETTI (attribué à).

8 — La place Saint-Marc, à Venise.

CIGNANI (Carlo).

9 — Repos de la Sainte-Famille.

CIMA (Jean-Baptiste).

10 — La Vierge contemple avec amour son fils bien-aimé qui lui sourit.

CORRÈGE (attribué à).

11 — Jésus passe au doigt de sainte Catherine l'anneau qui sanctifie leur pieuse union.
12 — Madeleine repentante.

DOMINIQUIN.

13 — Retiré au Jardin des Oliviers, Jésus prie son père de lui donner la force d'accomplir sa mission divine; un ange lui apparaît et lui apporte la consolation qu'il implore.

DOSSO DOSSI.

14 — La Vierge, Jésus et saint Jean.

FATTORE.

15 — La Vierge, Jésus et saint Jean. *Le maître s'est inspiré de Raphaël.*

GAROFALO.

16 — L'Annonciation.

GHIRLANDAIO.

17 — La Vierge, Jésus et saint Jean.

GUERCINO.

18 — Des Chérubins glorifiant la Sainte Hostie et la Croix rédemptrice.

GUIDO RENI.

19 — Le Sommeil de Jésus.

LUINI (Bernardino).

20 — La Vierge et Jésus.

La mère du divin Enfant, le regard baissé, soutient de la main droite son fils assis sur un coussin posé sur une balustrade; l'enfant, la main étendue, bénit ceux qui viennent à lui.

MANTAGNA (genre de).

21 — L'Adoration des bergers.

MARRATI (Carlo).

22 — La Vierge assise présente le sein à son fils adoré; des anges prosternés aux pieds de Marie offrent des fleurs au divin enfant; saint Joseph contemple cette scène avec une respectueuse satisfaction.

MARIESCHI (Jacques).

23 — Vue d'un palais et d'un canal à Venise.

MICHEL-ANGE BUONAROTI.

24 — Le Martyre de sainte Catherine. — OEuvre d'un caractère élevé.

MOLA (Francesco).

25 — Jésus est entouré du peuple d'Israël qui écoute sa parole divine.

ORIZONTI et LAIRESSE.

26 — L'ivresse de Silène.

PALME (le vieux).

27 — Satan cherche à tenter Jésus-Christ.
28 — Vénus et l'Amour.

PARMESAN (François Mazuoli).

29 — La Vierge, Jésus, saint Joseph et saint Jean
30 — Mariage de sainte Catherine.
31 — Martyre d'un saint.

PERIN DEL VAGA.

32 — Jésus enfant repose sur les genoux de sa mère; saint Jean et saint Joseph regardent avec respect ce couple béni par Dieu.

PERUGIN.

33 — La Vierge, assise dans une stalle, tient sur ses genoux Jésus enfant ; saint Michel et le pape Grégoire VII sont à ses côtés ; un saint et une sainte sont prosternés aux pieds de la bienheureuse Marie, qui contemple avec amour son fils bien-aimé donnant la bénédiction.

RAPHAEL (d'après).

34 — Le Spasimo de Madrid.

ROMAIN (Jules).

35 — La continence de Scipion.

ROMAIN (école de Jules).

36 — La Cène.

ROMANELLI.

37 — Apollon chez Thétys.

SALVIOUSE.

38 — Ruines de palais antiques. — Deux pendants.

DEL SARTO (attribué à Andrea).

39 — La Vierge, Jésus et saint Jean. — Peints sur cèdre.

SALARIO (André).

40 — Jésus flagellé.

Une divine résignation anime le Sauveur du monde flagellé par les soldats d'Hérode. OEuvre remarquable par son exécution.

FERRATO (Sasso).

41 — La Vierge, les yeux baissés, les mains jointes, est sous l'influence d'une pieuse méditation; les tresses de ses longs cheveux encadrent son visage angélique, un voile blanc couronne sa tête, un manteau bleu couvre une partie de ses chastes épaules.

42 — Le Sommeil de Jésus.

TASSI.

43 — Au centre d'un beau paysage est une fontaine près des ruines d'un vieux château; une vallée immense s'étend vers l'horizon.

TIEPOLO.

44 — Saint Bruno agenouillé rend hommage à Dieu; le religieux consulte un livre déposé sur un autel près d'un Christ; des anges voltigent au-dessus de sa tête et chantent les louanges du Seigneur.

TINTORET (attribué à)

45 — Portrait d'un personnage de distinction.

ZOPPO (Marco).

46 — La Vierge et saint Joseph en adoration devant Jésus nouveau-né. — Rappelant Pérugin.

ZUCCHERO (Federigo).

47 — La Circoncision.

ANTOLINEZ.

48 — La Cène.
Madeleine prosternée aux pieds de Jésus entouré de ses disciples.

TOBAR.

49 — Saint Jean près de l'agneau pascal. Peinture rappelant le faire de Murillo.

VASQUEZ (de Séville).

50 — Anges adorant Jésus au berceau.

VELASQUEZ (de Silva).

51 — Portrait équestre de Don Juan d'Autriche.

Écoles Flamande et Hollandaise.

ASSELIN, figures de KAREL DUJARDIN.

52 — Paysage avec château-fort et pont dominant une rivière, au bord de laquelle sont des pêcheurs et des femmes assises.

53 — Le soleil enveloppe de ses tons dorés les fonds boisés d'une campagne italienne; sur le devant, à droite, des arbres élèvent leurs élégants rameaux; un pâtre s'apprête à passer un gué avec des animaux qu'il conduit.

54 — C'est encore au milieu d'un des sites si poétiques de l'Italie que l'artiste amène le spectateur.

Une rivière aux eaux transparentes vient se perdre au premier plan; un pont de bois offre un passage assuré à des villageois et à des troupeaux qui gagnent la rive opposée, où de petites villes se dessinent au bas de montagnes élevées.

55 — Le Rémouleur.

BAKHUYZEN (Ludolphe).

56 — Marine.

Le ciel chargé de nuages annonce un orage prochain; un bateau pêcheur soulevé sur les flots agités vient de quitter le port que l'on voit à droite, et vers lequel cinglent plusieurs embarcations.

Van BALEN et Van KESSEL.

57 — Vénus demandant à Vulcain des armes pour son fils Énée. Tableau capital.

BERGER (Van).

58 — Paysage, soleil couchant.

Une vache, des moutons et une chèvre

occupent le premier plan et sont confiés à la garde d'une villageoise causant avec un jeune garçon.

59 — Pâtre causant avec une femme occupée à traire une vache. Dans le fond site montagneux.

60 — Paysage et animaux.

BÉGA (Corneille).

61 — Dans un cabaret deux buveurs sont assis devant un tonneau ; l'un d'eux adresse des propos galants à une jeune servante qu'il cherche à retenir près de lui ; dans le fond d'autres buveurs causent.

62 — Fumeur assis à la porte d'une auberge; plus loin un jeune homme cause avec une servante.

BERGHEM (Nicolas).

63 — Paysage et animaux.

Des arbres aux tiges légères couronnent la cîme d'un rocher qui occupe la gauche de la composition; trois vaches, dont l'une est debout, se reposent à l'ombre; autour d'elles sont quelques moutons et des chèvres. Le soleil, en disparaissant, jette une vive lumière et dessine vigoureusement la silhouette du troupeau ; quelques troncs d'arbres occupent un tertre qui est à droite ; des collines vaporeuses bornent l'horizon.

64 — Ruth et Boos.

65 — Près d'un riant coteau une femme à genoux est occupée à traire une vache; autour d'elle reposent d'autres animaux.

Près d'un tertre serpente une route où chevauche un gentilhomme qui demande son chemin à une villageoise debout près de deux pâtres assis.

66 — L'ange apparaissant aux bergers à Bethléem, leur annonce la naissance du Sauveur. Charmant échantillon de ce maître habile.

67 — Des vaches, des moutons et des chèvres paissent et se reposent au pied d'une colline. Paysage éclairé par les derniers rayons d'un soleil couchant. Délicieux tableau de ce maître.

BEERSTRAETEN.

68 — Canal glacé avec patineurs.

BERKHEYDEN.

69 — Cavaliers et amateurs examinant des chevaux dans un manége.

BOTH D'ITALIE (Jean).

70 — Paysage italien, site montagneux.

BOTH (attribué à Jean).

71 — A gauche, au bas des ruines d'un vieux château sont des Bohémiens assis; à droite une route avec muletier marchant vers le spectateur; dans le fond la mer, des navires et des marins.

BOTH (école de Jean).

72 — Paysage offrant, à gauche, un pont d'une solidité équivoque conduisant à une fontaine qui occupe le haut d'une colline; des muletiers font boire leurs montures à une rivière qui occupe une partie du premier plan.

73 — Paysage avec route conduisant à un pont au bas duquel coule une petite rivière; sur la route et sur le pont sont des voyageurs et des paysans.

BOUT et BAUDEWINS.

74 — Entrée de ville animée par de charmantes figures.

75 — Intérieur de ville avec marché d'animaux.

BRAKENBURG.

76 — Cavalier et courtisane; intérieur.

77 — Réunion de joyeux personnages célébrant une fête.

78 — Un maître d'école fait la réprimande à une petite fille amenée devant lui par sa mère; autour d'eux sont des enfants, les uns jouant, les autres étudiant.

BRAMER (Léonard).

79 — Magistrat assis.

BRAUWER (Adrien).

80 — Réunion de cinq buveurs et fumeurs dans un estaminet.

BREKELENKAMP.

81 — Intérieur hollandais.
Ménagère préparant le repas de son mari qui est assis près d'une cheminée.

BREUGHEL (de Velours).

82 — Thétys donnant des armes à son fils Achille.
La déesse est assise devant le guerrier, auquel une Nymphe présente un casque; dans le fond les forges de Vulcain; sur le devant des armes amoncelées.

CAMPUYSEN (attribué à).

83 — Le passage du gué.

CUYP (attribué à A.).

84 — Belle soirée d'été.
Le soleil enveloppe de ses rayons chauds et vaporeux une belle campagne hollandaise, offrant au centre un pâturage où se reposent des vaches près d'un villageois causant avec un homme à cheval.

DECKER.

85 — Intérieur d'un village au milieu duquel serpente une route sablonneuse sur laquelle est un cavalier monté sur un cheval blanc. A gauche et à droite habitations entourées d'arbres touffus.

DEVRIES (Adrien).

86 — Intérieur hollandais.

Une jeune fille, sous un costume aussi simple qu'élégant, est debout dans un appartement; elle tient un bouquet de la main gauche, et de la droite une paire de gants. Près d'elle est une table couverte d'un tapis où sont quelques livres épars.

DEVRIES (Jean).

87 — Village hollandais.

A droite, maison pittoresque en briques entourées de plâtre avec toiture en tuiles rougeâtres; des personnages et cavaliers se dirigent vers l'entrée d'une ville dont on aperçoit dans le fond les édifices.

DE WETH.

88 — Moïse frappant le rocher.
89 — Le Mauvais riche. Bonne manière de cet élève de Rembrandt.
89 bis. — Le Jugement de Salomon.

DIETRICH.

90 — Paysage avec route et champ de blé.

DOES (van der).

91 — Une jeune fille assise près d'un arbre cause avec un villageois qui lui offre un petit chien; des

moutons, des vaches et des chèvres entourent ce couple innocent; plus loin des bergers gardent des bestiaux près de hauts rochers noyés dans une chaude vapeur.

DOW (d'après GÉRARD).

92 — L'Arracheur de dents.
Un villageois assis sur un escabeau fait une piteuse grimace en sentant le froid contact de l'outil de l'opérateur.

93 — Ravissante reproduction d'après ce maître. Riche intérieur hollandais; trois figures et accessoires, le tout exécuté avec un précieux fini.

DUBBELS (JEAN).

94 — Un navire, soulevé par une brise légère, cingle vers un port que l'on voit à droite; une petite chaloupe gagne la pleine mer; dans le fond, d'autres voiles se dirigent en sens divers.

DUSSART (CORNILLE).

95 — Maître d'école hollandais.
96 — Réunion de buveurs.
97 — Village offrant à droite une auberge; le maître de la maison et un valet regardent une mendiante et un jeune garçon jouant, l'une de la vielle, l'autre de la cornemuse; d'autres personnages se dirigent vers un pont conduisant à des habitations entourées d'arbres qui occupent le fond.

DYCK (attribué à Van).

98 — Le Crucifiement de Jésus.

ELZHEIMER (Adam).

99 — Paysage touché avec une rare finesse.

ECCKHOUT (van).

100 — Jésus parmi les docteurs.
Composition capitale rappelant celles de son maître Rembrandt.

EVERDINGEN.

101 — Paysage, vue norvégienne; à droite, chaumière sur le bord d'une route où cheminent des cavaliers; à gauche, ravin avec chute d'eau; dans le fond, lisière d'un bois.

GAEL (Bernard).

102 — Chariots attelés entrant sous le vaste hangar d'une hôtellerie.

GLAUBER et LAIRESSE.

103 — Matin et soir.
Deux paysages historiques traités dans la manière de Poussin; ils représentent des sites aux environs de l'ancienne Rome; des monuments antiques et des tombeaux s'élèvent au milieu de ces silencieuses campagnes environnées de montagnes sur lesquelles sont

des Temples consacrés aux divinités païennes; des figures par Lairesse, représentant des bergers gardant leurs troupeaux, animent ces belles productions.

GONZALÈS COQUES.

104 — Gentilhomme hollandais.

GREVENBROCK.

105 — Ruines de palais antiques; sur le devant Bohémiens au repos.

HAGEN (van).

106 — Avenue d'arbres conduisant à la porte d'une riche habitation, devant laquelle est un pont jeté sur un canal qui occupe le centre de la composition; à gauche, une femme est assise près de son jeune enfant et de quelques moutons couchés.

VAN HAGEN et BERGHEM.

107 — Paysage. A gauche un taillis s'étendant vers l'horizon, à droite des arbres élégants au pieds desquels sont deux vaches et un chien se désaltérant dans une mare.

HEUSCH (Guiliam de).

108 — Le passage du gué.

HELTS (van der).

109 — Portrait d'une dame hollandaise.

110 — Personnage hollandais, homme de distinction.
111 — Femme du précédent personnage; sur le fond de chaque portrait sont les blasons de leur famille.

HEYDEN (attribué à Vander).

112 — Parc et pièce d'eau dépendants d'un riche château hollandais.

HOBBÉMA (attribué à).

113 — Une rivière limpide, sur laquelle se jouent des canards, s'étend vers l'horizon et baigne vers la gauche le pied d'un massif dont les verts rameaux sont reflétés par ses eaux transparentes, ainsi que la flèche d'un clocher dominant une chaumière.

Sur la rivière, paysans dans un bateau gagnant la rive.

KALF.

114 — Intérieur de cuisine. — Bel échantillon du maître.

KABEL (Vander).

115 — Port de mer italien. En rade sont des gondoles, des navires et des bateaux marchands; sur le quai qui occupe le premier plan causent et cheminent des personnages de toutes conditions; sur le bord de la rive, des marins sont occupés à transporter les marchandises d'un bateau amarré.

LEDUC (Jean).

116 — Corps-de-garde hollandais.

LENZEN.

117 — Berger endormi, et moutons au repos.

LINGELBACH.

118 — Combat naval, abordage.

MAAS (Nicolas).

119 — Intérieur hollandais.

Une jeune femme occupée à filer est assise dans une chambre basse éclairée par une large fenêtre à petits carreaux recevant les reflets d'un soleil couchant ; un chien dort près d'elle sur un escabeau. Un cavalier en manteau quitte le logis et se dirige vers la rue. — L'ensemble de cette composition harmonieuse rappelle complètement celles de Pierre de Hoog.

120 — Intérieur de l'atelier de Carle Dujardin.

L'artiste est assis devant une table regardant quelques dessins épars. Sa servante, debout devant un chevalet, examine avec curiosité l'œuvre que son maître vient de terminer.

Une palette encore fraîche est sur un escabeau ; divers ustensiles et poteries garnissent la pièce qui offre l'aspect d'un désordre artistique.

MIEL (Jean).

121 — Comédiens ambulants à la porte d'une hôtellerie italienne.

122 — Paysans italiens assis près d'une grotte; autour d'eux animaux au repos.

MIÉRIS (Guillaume).

123 — Jeune femme richement costumée, vue à mi-corps; elle est près d'une table de pierre sur laquelle est un vase contenant les tiges de quelques fleurs.

Ce précieux tableau est d'une parfaite conservation.

MOOR (Carle de).

124 — Intérieur hollandais.

Assis devant une table, un officier hollandais bourre une pipe. Près de lui un jeune homme conte fleurette à une servante qui lui apporte à boire.

125 — Courtisanes et cavaliers réunis autour d'une table. A gauche, entrée d'un palais; dans le fond un parc.

MOSKIR (signé Van).

126 — Paysage boisé avec route.

MOUCHERON (Frédérick).

128 — Charmant paysage boisé, avec chute d'eau alimentant une rivière.

129 — Paysage avec chasseurs au faucon.

MOUCHERON et Van de VELDE (d'après).

130 — Paysage avec figures et cavaliers.

NEER (Signé Eglon Vander).

131 — Paysage avec baigneuses.

NÉER (Arthur Vander).

132 — Rivière sillonnant un site hollandais. Soleil couchant.

OCTERVELT.

133 — Intérieur hollandais.
Concert vocal et instrumental. Trois figures.

OSTADE (Adrien).

134 — Intérieur d'estaminet.
Deux buveurs regardent avec regret le fond d'un pot dont ils ont bu le contenu.

135 — Cour d'auberge.
Un fumeur, assis près d'un tonneau, cause avec la maîtresse de la maison qui lui apporte à boire ; à gauche, des paysans autour d'une table ; dans le fond des joueurs de boules.

136 — L'accident imprévu.
Intérieur avec fumeurs et buveurs.

OSTADE (Isaac).

137 — La lecture de la gazette. — Ravissant tableau du maître.

138 — Le charcutier flamand. — Composition de cinq figures. Belle qualité du maître.

PALAMÈDES.

140 — Corps-de-garde hollandais. — Compositions capitales, 2 pendants.

POTTER (Paul, attribué à).

141 — Pâturage hollandais.
Un pâtre coupe une branche d'un arbre près duquel sont un âne qui brait, une vache à robe blanche debout et une autre brune couchée.

POELENBURG (Corneille).

143 — Baigneuses dans un paysage.

144 — Campagne italienne.
Nymphes au bain. — Charmante composition.

PYNACKER et LINGELBACK.

145 — Au milieu d'un paysage baigné par une rivière, un chasseur tire sur des oiseaux ; à gauche s'élève un arbre au tronc blanchâtre près d'une route que suivent d'autres chasseurs accompagnés de leurs chiens.

PYNACKER (A.)

146 — Pâtres et animaux surpris par l'orage.

RUYSCH (Rachel).

147 — Une rose, des œillets et diverses fleurs groupées sur une table de marbre.

RAVESTEIN.

148 — Portrait d'un gentilhomme hollandais, portant costume manteau noir et collerette blanche à petits plis.

Une moustache et une mouche taillée à l'espagnole relèvent son visage expressif.

STAVEREN (Van).

149 — Saint Antoine en méditation devant un livre ouvert.

Ce charmant tableau rappelle, par son précieux fini les œuvres de Gérard Dow, dont Staveren fut l'élève le plus distingué.

REMBRANDT (attribué à).

150 — Savant consultant un livre.
151 — Paysage d'un effet piquant.

ROOS (Henry).

152 — Jeune femme occupée à traire une chèvre près d'un jeune garçon gardant des bestiaux.

ROMYN (Guillaume Van).

153 — Paysage.
A gauche, pâtre et paysanne assis au pied d'un arbre et causant ; à droite, animaux au repos.

154 — Bestiaux. Moutons et chèvres dans un paysage montagneux.

ROTHENAMER.

155 — Diane punit l'imprudent Actéon.

RUBENS (attribué à).

156 — Le Christ au calice.

SCHALCKEN.

157 — Jeune garçon tenant le masque de la folie.

STALBENT.

158 — La tentation de saint Antoine.

STEEN (Jean).

159 — Près d'une riche habitation, un ménétrier monté sur un pilastre, fait danser des villageois, autour desquels sont groupés des hommes, des femmes et des enfants.

160 — Joyeux groupe d'enfants s'amusant à faire danser un chat.

161 — Aveugle et sa famille à la porte d'une hôtellerie, recevant l'aumône du maître de la

maison. Des enfants regardent la figure grimacière du mendiant qui chante en s'accompagnant sur la vielle.

STEEN (Jean, genre de).

162 — Intérieur hollandais. Trois figures.

SWANEVELT, dit Herman d'Italie.

163 — Une belle soirée d'été. Paysage, site italien.
163 bis — Paysage, site montagneux. Sur le devant animaux à l'abreuvoir.
164 — Rivière sillonnant une campagne italienne. Soleil couchant.

TENIERS (David).

165 — Estaminet flamand.
Deux hommes assis sur des escabeaux causent en fumant ; il occupent le premier plan de gauche. Dans le fond, quatre fumeurs près d'un foyer ardent. Des pots, un tonneau, un balai et plusieurs accessoires complètent cette composition.

TENIERS (D. Ecole de).

166 — Estaminet flamand.

TÉNIERS (Genre de David).

167 — Sorcières le jour du Sabbat.

TERBURG (Gérard).

168 — Portrait d'un savant.

TILBORG.

160 — Docteur en médecine entouré de sa famille.

170 — Le bénédicité.
Famille hollandaise réunie autour d'une table au moment du repas; à gauche des ustensiles de cuisine et des légumes amoncelés.

171 — Concert flamand.

VELDE (Adrien Van de).

172 — Paysage avec marche d'animaux.

173 — Une jeune villageoise, montée sur un âne, accepte le concours d'un pâtre qui lui offre son appui pour diriger des animaux vers la ville voisine.

174 — Le retour à la ferme.
Un troupeau de vaches de robes diverses marchent devant un paysan qui, armé d'un bâton, les conduit vers un village qui occupe le fond du paysage.

175 — Deux chevaux, une chèvre, plusieurs moutons et d'autres animaux, les uns debout, les autres couchés dans la clairière d'un bois.

VELDE (école de A. Van de).

176 — Deux vaches au repos, une autre se désaltérant à une mare et des moutons confiés à la garde d'une jeune femme assise sur un tertre.

VELDE (Guillaume Van de).

177 — Marine, marée basse.

Sur le bord de la mer, quelques bateaux pêcheurs ont déployé leurs voiles humides des pluies de la veille; à gauche un navire prend le large; sur la plage un matelot se dirige vers une chaloupe échouée.

VELDE (Genre de Guillaume Van de).

178 — Marine, navires et bateaux-pêcheurs soulevés par des flots agités.

VERENDAEL.

179 — Fleurs et insectes.

VERSCHURING (signé).

180 — Personnages de diverses conditions, marchands et saltimbanques sur la place d'un marché italien.

VERSCHUR.

181 — Mer agitée; soleil couchant.

VICTOR.

182 — Village hollandais, à droite est une auberge dont le maître regarde des enfants dansant autour d'un arbre. Une petite fille montée sur un baquet, excite cette bande joyeuse par sa voix et les sons d'un tambour sur lequel elle frappe avec vigueur. Sur un banc de droite un autre gamin assis agite son chapeau.

WEENIX (J.-B.)

183 — Une meute nombreuse entoure Vénus et Adonis revenant de la chasse. Un chevreuil est étendu aux pieds de la déesse; derrière elle l'Amour apprête ses armes.

184 — A l'ombre d'un soleil couchant, une dame hollandaise est assise à l'entrée d'un bois. Ses enfants sont près d'elle; le plus jeune tend ses petites mains pour prendre un fruit que lui présente un valet près duquel sont deux moutons et une chèvre.

WOUVERMANS (Philippe).

185 — Près d'une fontaine, une dame et un jeune seigneur se sont arrêtés pour faire boire leurs chevaux; un valet à cheval attend l'ordre du départ.

186 — Mélée dans une bataille.

187 — Le maréchal ferrant; gravé.

WOUVERMANS (Pierre).

188 — Cavaliers et chariots arrêtés devant une hôtellerie.

189 — Cavalier monté sur un cheval blanc parlant à un valet de chasse.

190 — Dame, grand seigneur et cavaliers arrêtés près d'une fontaine où se désaltère un cheval blanc.

WULFRAAT.

191 — Paysage avec pâtres et animaux.
Rappelant la manière d'Albert Cuyp.

ZOLMAKER.

192 — Route sur laquelle marchent des animaux conduits par des pâtres.

ZORG.

193 — Intérieur flamand. Un ménétrier joue du violon ; il accompagne un villageois et une femme dont la danse grotesque excite l'hilarité des fumeurs et des buveurs qui les entourent.

ZORG (attribué à).

194 — Armateur payant des matelots à son service.

Écoles Française.

BERRÉ.

195 — Quatre vaches dans une prairie ; sur le devant un ruisseau que traversent une jeune fille et son chien. — Belle qualité du maître.

BERTRAND (Elisa).

196 — Groupe de fleurs dans un vase.
197 —   Id.
198 —   Id.
199 —   Id.

BRUANDET.

200 — Paysage près Paris.

201 — Forêt de Fontainebleau. Belle qualité du maître.

202 — Le bois de Romainville.

CHARDIN (Attribué à).

203 — Artiste peintre dans son atelier.

DEMARNE.

204 — Près d'une ferme une jeune femme est occupée à traire une vache; elle cause avec un villageois, sur le devant des moutons se reposent; à droite, un large ruisseau sépare le premier plan d'un pâturage. — Bel échantillon du maître.

GELÉE (Claude), dit le Lorrain.

205 — Mercure endormant Argus.

Les sons puissants de la flûte du dieu endorment le monstre dévoué aux projets de la vindicative Junon. La vache Io repose près de deux chèvres; d'autres animaux paissent sur le versant d'un coteau. Sur un ciel léger et brillant se détachent les branches touffues d'un arbre qui est à droite; à gauche s'élèvent d'autres arbres et la riche colonnade d'un temple antique. Dans le fond, belle vallée avec rivière coulant au bas de montagnes lointaines.

Gravé dans l'OEuvre de Vérité, pl. 150.

206 — Mer aux flots légers réfléchissant les tons dorés d'un soleil couchant. A gauche, un bâtiment

en rade; à droite des marins occupés à carguer les voiles d'un navire qui a jeté l'ancre.

206 bis. Aux douces vapeurs d'une soirée d'été, des femmes se baignent sur le bord d'une rivière dont les eaux limpides s'étendent vers un pont conduisant à un site montagneux ; à gauche une île plantée de quelques arbres.

207 — Matinée, paysage encore humide d'une fraîche rosée. Sur la gauche, de grands arbres élèvent majestueusement leurs cîmes arrondies; aux pieds de leurs troncs ridés coule une forte source dont les eaux tombent en cascade dans un ravin, où sont jetés des arbres servant de pont à des chasseurs revenant de l'affût ; à droite, terrain avec larges ronces et broussailles épineuses.

208 — Au centre d'un paysage s'élève une montagne couronnée par des monuments antiques ; au pied de cette montagne est un pont sous lequel coulent avec abondance des eaux qui tombent en cascades, et vont se perdre dans une rivière traversée à gué par des bergers conduisant leurs troupeaux. Le soleil disparaît derrière les arbres touffus qui occupent la droite de la composition.

Ce paysage est empreint de cette douce mélancolie particulière aux œuvres de cet artiste.

LORRAIN (attribué à Claude).

209 — La fuite en Egypte. Dans un silencieux paysage, la Sainte Famille chemine en fuyant Bethléem

COURTOIS.

210 — Campagne italienne d'une immense étendue.
A l'ombre, de beaux arbres bordant une route qui occupe la droite, un heureux couple danse au son de la musette.

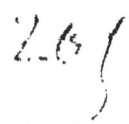

LAFONTAINE.

211 — Intérieur d'église animé par de nombreuses figures.

LEPRINCE (attribué à).

212 — Ecurie.

LOIR (Nicolas).

213 — La femme adultère amenée devant Jésus.

MIGNARD.

214 — Portrait d'une dame de la cour de Louis XIV; ses cheveux bouclés à la Ninon accompagnent ses traits gracieux; elle porte un corsage jaune à manches bouffantes sur lesquelles viennent se reposer les larges plis d'une draperie bleue.

PRUDHON (École de).

215 — L'enlèvement de Psyché.

TAUNAY.

216 — Paysage, vue italienne.

217 — Le concert. — Ravissante composition de ce peintre.
218 — Femmes romaines sur le bord d'une rivière.

WATTEAU (attribué à).

219 — Causerie champêtre. Gracieuse composition.

ÉCOLE ITALIENNE

220 — La mise au tombeau.
221 — Sainte-Famille et Jésus nouveau-né.

WINTERHALTER (attribué à).

222 — Jardin oriental.
Figures par Willems de Bruxelles.
223 — Quelques tableaux non catalogués et bordures vides.

DEUXIÈME VENTE

Après décès de M. BERTRAND, Calligraphe Académicien.

CATALOGUE

D'UNE COLLECTION

DE BONS

TABLEAUX

ANCIENS

Des Écoles Italienne, Hollandaise, Flamande & Française

DONT LA VENTE AURA LIEU

HOTEL DES VENTES MOBILIÈRES

RUE DROUOT, 5

Salle n. 2

Les Vendredi 16 et Samedi 17 Novembre 1855, à 1 heure.

Par le ministère de M**e DELBERGUE-CORMONT**,
Commissaire-Priseur, rue de Provence, 8,

Assisté de M. **FEBVRE**, Appréciateur d'objets d'art,
rue de Choiseul, 13,

chez lesquels se distribue ce catalogue.

EXPOSITION PUBLIQUE

Le Jeudi 15, veille de la vente, de midi à 5 heures.

—

1855

DEUXIÈME VENTE.

DÉSIGNATION

DES TABLEAUX

École Italienne.

BASSANO.

223 — Famille de cultivateurs prenant son repas.
224 — Portrait du provéditeur Lorenzo Tiépolo, gouverneur de Marom.

BASSANO (attribué à).

225 — L'ange présente le calice à Jésus, agenouillé au jardin des Oliviers.

BARROCCIO.

226 — La Vierge, Jésus et saint Jean.
227 — La Vierge et Jésus.

CARRACHE (Louis).

228 — Saint François adorant la Vierge et Jésus.

CANALETTI.

229 — Palais vénitien.

PIÉTRO DI CORTONI.

230 — Un ange visitant la Vierge et saint Joseph.

CARLO DOLCI (attribué à).

231 — Jésus en prières.

SASSO FERRATTO (attribué à).

232 — La Vierge aux mains jointes.

GUIDO RENI.

233 — La Vierge et Jésus.

GUIDO RENI (école de).

234 — Repos de la Sainte-Famille.
235 — La Science.

GUIDO RENI (d'après).

236 — Le Christ au roseau.

CARLO MARATTI (genre de).

237 — Vision de saint François.

CARLO MARRATTI.

238 — La Vierge domptant le démon.

ORIZONTI.

239 — Paysage.
240 — Paysage d'un style élevé.

PANNINI (attribué à).

241 — Les catacombes de Rome.

BALTHAZAR PERUZZI.

242 — La Cène.

RAPHAEL PERTUS.

243 — Le sacre de Ferdinand le Catholique.
Ce tableau est décrit dans le dictionnaire espagnol de Quillet.

PRIMATICE.

244 — Jupiter et Léda.
245 — Apollon et Coronis,

ROMANELLI.

246 — Jupiter et Léda.
247 — Nymphes surprises par un satyre.

SALVATOR.

249 — Paysage, site agreste.

SQUARCIONE.

250 — Allégorie religieuse.

TASSI.

251 — Le déclin du jour, paysage avec rivière.
252 — Beau paysage rappelant les compositions de Claude Lorrain.

TIÉPOLO.

253 — Sujet biblique.

TRÉVISANI.

254 — Triomphe de Galatée.
255 — L'enlèvement de Proserpine.

PERIN DEL VAGA (école de).

256 — Assomption de la Vierge (Grisaille).

VAN VITELLI.

257 — Environs de Rome.

ZUCHARELLI.

258 — Pan flagellé par des nymphes.
259 — Paysage avec cours d'eau, soleil couchant.

Écoles Flamande & Hollandaise.

ABSOVEN.

260 — Paysans causant à la porte d'une chaumière.

ANTONISSEN (1773).

261 — Sur le devant, des animaux paissent dans un pâturage ; une femme et un jeune garçon retirent leurs filets d'une petite rivière qui sépare le premier plan de l'autre rive où l'on aperçoit des villages entourés d'arbres et des laboureurs revenant des champs.

ASSELIN.

262 — Environs de Venise.

ASSELIN (genre de).

263 — Paysage, site agreste.

VAN BALEN.

264 — La Vierge, Jésus et saint Jean.

NICOLAS BERGHEM (attribué à).

265 — Campagne italienne. Une villageoise assise sur un tertre tient sur ses genoux son enfant endormi ; une laitière cause avec elle et avec un pâtre qui s'appuie sur une vache ; près d'eux d'autres animaux se reposent.

BOUT ET BAUDEWEINS.

266 — Paysage avec rivière, figures et animaux.

BOTH (d'après).

267 — Paysage, site accidenté.

BEGYN.

269 — Moutons et animaux près de villageois.

L. VANDEN BOSCH.

270 — Femme consultant un médecin dans son laboratoire.

BRANDT.

271 — Homme devant une table s'apprêtant à prendre son repas.

LE CHEVALIER BREDEL.

272 — Choc de cavalerie dans le fond ville fortifiée.

BREKELEMLAMP.

273 — Chambre basse dans laquelle est une femme occupée à filer.

VAN DER CAPEL.

274 — Rade hollandaise; quelques navires à l'ancre.

CRUSMAN.

275 — Paysage, vue hollandaise.

CRAESBEKE.

276 — Buveurs flamands.

CUYP.

277 — Portrait d'une jeune fille portant une corbeille de fruits.

CUYP (école de).

278 — Portrait d'une femme âgée.

DENNER (attribué à).

279 — Tête de femme âgée.

VAN DELEN.

280 — Un riche palais à colonnades de marbre occupe la partie gauche de cette composition : à droite une fontaine fait jaillir ses eaux qui retombent en gerbes dans un bassin. Sur une terrasse sont réunis des grands seigneurs jouant à la main chaude.

DEVADER.

281 — Paysage, site accidenté.

DECKER.

282 — Paysage avec massif d'arbres dominés par le clocher d'un village. Sur une route, cavaliers suivis de leurs chiens.

DERENTER (signé).

283. — Marine, marée basse, soleil couchant.

DIÉTRICH (Genre de).

284 — Tête de vieillard.

DIETRICH (Attribué à).

285 — Grotte avec cascade.

DUJARDIN (Carle).

286 — Cheval blanc et palefrenier.

VAN DYCK (Attribué à).

287 — Vision de sainte Ursule.

VAN ECCKHOUT.

288 — Job sur le fumier.
289 — L'Ange chez Tobie.

ELZHEIMER (Adam).

290 — Rencontre de Jacob et de son fils Joseph.

FRANCK (Sébastien).

291 — La Cène.
292 — La Mort rendant visite à la Richesse.

FRANCE, de Liège.

293 — Intérieur de forge.

GOVERT-FLINCK.

294 — Abraham répudiant Agar.

GRIFFIER.

295 — Bords du Rhin.

VAN GOYEN.

296 — Rivière sillonnant un site hollandais ; à gauche, paysans et chariots à la porte d'une auberge; dans le fond, village entouré d'arbres.

VAN HAGHEN.

297 — Intérieur de forêt avec route et voyageurs.

HAKKERT, de Naples.

398 — Paysage, une chute d'eau.

DE HEEM.

299 — Groupe de fleurs dans un vase.

VAN HERP.

300 — La Pêche et la Chasse.

JORDAENS et Daniel ZEEGERS.

301 — Les Caresses de l'Amour ; médaillon entouré d'une guirlande de fleurs et de fruits.

Don JOUANNÈS, de Castille.

303 — Le Christ visité par des anges.

VANDER KABEL.

304 — Paysage, marine ; à gauche, vaste étendue de mer ; à droite, des falaises élevées ; sur le rivage, des marchands et des marins.

HÉRINGS VAN BALEM et VAN KESSEL.

305 — Diane et ses Nymphes rapportant les produits et les trophées de leur chasse.

B.-C. KOEKKOEK (Attribué à).

306 — Campagne hollandaise avec canal glacé et patineurs.

LAURENT.

307 — Châtelaine et page.

VAN DER LAEN.

308 — Entre l'Amour et la Richesse.

C. LEICKARS.

309 — Marine hollandaise.

MAAS.

316 — Portrait de Marie Rickaert.

METZU (Genre de).

311 — Intérieur. Jeune dame richement vêtue assise près d'une table; à ses côtés, une servante lui rend compte des dépenses de la journée.

MOLNAER.

312 — Intérieur flamand.

MOMPER.

313 — Paysage, site montagneux.

DE MOOR (Carle).

314 — Savant dans son cabinet.

DE MOOR (Carle. Genre de).

315 — L'Enfant prodigue.

MOLNAER (Signé).

316 — Habitation hollandaise sur le bord d'un canal.

NETSCHER (Gaspard).

317 — Jeune fille richement vêtue jouant avec un perroquet.

318 — Portrait d'un grand seigneur et d'une dame de la cour de Louis XIV.

NEEF (Péters. Attribué à)

319 — Intérieur de la cathédrale d'Ost.

VAN DER NEER (Arthur).

320 — La lune, en partie cachée derrière un moulin qui est à l'horizon, répand sa clarté mélancolique sur une campagne hollandaise sillonnée par un canal, où des pêcheurs sont occupés à retirer leurs filets.

Le canal sépare un village qui s'élève à gauche de l'autre rive où l'on distingue des habitations entourées d'arbres.

VAN DER NEER (D'après).

321 — Canal hollandais. Soleil couchant.

NEVEU (Attribué à).

322 — Jeune femme les bras posés sur l'appui d'un balcon.

OMMÉGANCK.

323 — Riante campagne avec animaux au repos; un villageois met un licou à un cheval blanc qui est devant lui; dans le fond, collines boisées.

OMMÉGANCK (Attribué à).

324 — Paysage avec figures et animaux.

POELEMBURG.

325 — Paysage italien avec baigneuses.
326 — Site italien accidenté; sur le devant, plusieurs femmes assises.
327 — Diane au bain.

PORBUS.

328 — Portrait d'un personnage de distinction; il porte un costume noir avec collerette blanche.

PETERS (BONAVENTURE).

329 — Mer houleuse, vue prise de terre.

REMBRANDT (D'après).

330 — La Femme adultère. *Que celui qui est sans péchés lui jette la première pierre.*

PROVOTS (Attribué à).

331 — Bouquet de fleurs.

RUISDAEL (D'après).

231 bis. — Paysage avec rivière et chute d'eau.

SCHELFOUT.

332 — Paysage, site hollandais.

SCHUTZ, de Francfort.

333 — Les bords du Rhin.
334 — L'Assomption de la Vierge, tableau traité dans la manière de Rubens.

STOOP.

335 — Fantassins et cavaliers engagés au milieu d'une forte mousqueterie.
   Vers le fond quelques fuyards, dans la plaine les vainqueurs préparent un campement.

STORK.

336 — Combat naval.

SWANEVELT.

337 — Environ de Rome.
338 — Paysage avec château en ruine.

TERBURG (D'après).

339 — La Visite. Intérieur hollandais. Trois figures.

TERBURG (Genre de).

340 — Jeune dame occupée à broder.

TILBORG.

341 — Intérieur flamand. Famille réunie autour d'une table servie.

TYS.

342 — Une Scène du Déluge.

VAUTERS.

343 — Canal hollandais. Soleil couchant.

VERBOOM.

344 — Paysage boisé, genre d'Hobbema.
344 bis. — Paysage offrant à gauche une rivière au bord de laquelle sont amarrés plusieurs bateaux; à droite, route montueuse bordant la lisière d'un bois; sur le premier plan, des troncs d'arbres amoncelés.

VAN DE VELDE (École de).

345 — Vache se désaltérant à une mare; deux autres au repos et des moutons confiés à la garde d'une jeune femme assise sur le bord d'une rivière.

VAN DE VELDE (Attribué à).

346 — Un paysan assis dans un paysage cause avec une villageoise; près d'eux sont trois chevaux et deux vaches.

VERKOLIE (Attribué à).

347 — L'Amour inspirant Léda.
448 — Famille hollandaise réunie dans un parc.

DE VLIÉGER.

349 — Pleine mer, calme plat.

VICTOR.

451 — Abraham répudiant Agar.

DE VOS (Corneille).

352 — Portrait de femme.

ZORG.

453 — Intérieur flamand, chambre basse; dans le fond, femme et enfant se chauffant à un foyer; à droite, des ustensiles de cuisine posés çà et là.

ZORG (Attribué à).

354 — Chambre basse. Ménagère hollandaise apprêtant des légumes.

ZOLMAKER.

355 — Paysage avec animaux.

WATERLOO.

356 — Paysage boisé baigné par une rivière, où viennent se désaltérer des animaux conduits par des pâtres.

VAN DER WERF (Attribué à).

357 — La Madeleine en prières est assise près d'une grotte ; une tête de mort est à ses pieds.

DE WETH.

358 — Paysans, pêcheurs et grands seigneurs assemblés sur une plage ; à droite, des falaises, à gauche, la mer.

WOUVERMANS (D'après).

359 — Cheval blanc et chèvre dans une écurie.

L. DE WITT.

360 — Intérieur d'un temple protestant.

École Française.

BERRÉ.

361 — Pâturage.
362 — L'abreuvoir.
363 — Repos d'animaux dans une prairie.
364 — Trois vaches, deux chevaux et des moutons dans une prairie ; étude provenant de la vente de l'artiste.
365 — Jeune garçon monté sur un âne conduisant des animaux.
366 — Pâturage.

BERTIN.

367 — Paysage avec rivière.
368 — Paysage historique.

ELISA BERTRAND.

369 — Gracieux assemblage de fleurs s'échappant d'un vase posé sur une table de marbre.

BIDAULT.

370 — Paysage, campagne des environs de Rome.
371 — La fuite en Égypte.

BIDAULT (Attribué à).

372 — Paysage avec baigneuses.

BRUANDET.

373 — Paysage: à gauche, l'entrée d'un bois; dans le fond un village; sur le devant, une femme conduisant des animaux, *figures par Demarne.*
374 — La mare d'Auteuil.
375 — Bois de Boulogne.
376 — Bois de Boulogne.
377 — Forêt de Saint-Germain.

Mme BRYÈRE.

378 — Réunion de dames artistes dans un atelier de peintre.

PHILIPPE DE CHAMPAIGNE.

379 — Portrait d'un ecclésiastique.

CHARLET (Genre de).

380 — Grenadier de la vieille garde.

CLAUDE LORRAIN (Genre de).

381 — Le soleil en quittant la terre jette l'éclat de ses derniers rayons sur une vaste étendue de mer aux eaux frémissantes, où se balancent des vaisseaux de haut-bord et des bateaux marchands.

Un palais majestueux domine le quai qui occupe le premier plan, sur lequel sont rassemblés des personnages de toutes conditions.

DAGNAN.

382 — Près Bayonne.

DESTOUCHES.

383 — Le retour imprévu.

DEMARNE.

384 — Paysage.

Verger occupant la gauche et massifs d'arbres entourant une ferme près de laquelle sont des chevaux dételés, un chariot et une charrette.

A droite, moulin à vent sur un monticule; dans le fond, collines se perdant à l'horizon dans une chaude vapeur.

DECAMPS (Genre de).

385 — Scène moldave.

DUPONT.

386 — Environs de Tivoli.

HONORÉ FRAGONARD.

387 — Le Verrou, esquisse terminée.

HONORÉ FRAGONARD (Attribué à).

388 — Paysage avec lavandières.

DE GRAILLY.

389 — Environs de Paris.

GREUZE (École de).

390 — Paralytique soigné par ses enfants.

GAUFFIER.

391 — La Prudence s'endort.

Mlle GÉRARD.

392 — Riche appartement dans lequel une dame assise est occupée à broder.

JOLIVARD.

393 — Près Saint-Denis, étude.
394 — L'écluse.
395 — Paysage avec cours d'eau.
396 — Paysage avec mare.

LANCRET.

397 — Jeunes femmes au bain.

LAURENT DE LA HYRE.

398 — La Justice et la Paix.

LEBRUN (Attribué à).

399 — Madeleine prosternée aux pieds de la croix sur laquelle expire le Sauveur du monde.

XAVIER LEPRINCE.

400 — Environs de Paris.

ROBERT LEFEVRE.

401 — Marie-Louise et le roi de Rome.

NICOLAS LOIR.

402 — Naissance de Jésus.

Mlle MAYER.

403 — Portrait de l'artiste.

MALLET.

404 — Une maîtresse d'école entourée de ses élèves.

A. MANGEANT.

405 — Portrait d'une dame de condition.

MALET.

406 — Jeune dame donnant une lettre à porter à une servante.

FRANCISQUE MILLET.

407 — Paysage historique composé dans la manière de Poussin.

MIGNARD.

408 — Portrait d'Anne d'Autriche.

MÉNIER et DUVAL.

409 — Paysage. Grande finesse d'éxécution.
410 — Paysage avec rivière.
411 — Près Pau. 65

MEYNIER.

412 — La Confidence.

MOREAU (Attribué à).

413 — Mère de famille entourée de ses enfants.

PARROCEL.

414 — Choc de cavalerie.

PIERRE PATEL le jeune.

415 — Paysage traité dans la manière de Claude Lorrain.

PO DE SAINT-MARTIN.

416 — Entrée de bois et ferme.

PRUD'HON (Genre de).

417 — Assomption de la Vierge.

PRUD'HON (Attribué à).

418 — Nymphe endormie surprise par un satyre.
419 — Joseph et Putiphar.

TAUNAY.

420 — Moïse frappant le rocher.
421 — Campagne de Rome.
422 — Les oies du frère Philippe.
423 — Paysage avec femmes romaines suivies d'esclaves et précédées par un berger.
424 — Jeunes filles romaines se rendant à une fontaine; au fond s'élèvent les édifices de la ville antique.
425 — Marche d'un convoi militaire.
426 — Place publique italienne le jour d'un marché.

TAUNAY (Attribué à).

427 — Paysage animé de figures.

TROYEN.

428 — Le bon Samaritain.

VANLOO.

429 — Portrait de madame Geoffrin.

VALIN.

430 — Visite à l'hermite.

WATTEAU (Attribué à).

431 — Artistes de la Comédie italienne.

ANCIENNE ÉCOLE ALLEMANDE.

432 — Triptyque.

Le volet principal représente l'adoration des Mages ; les côtés, la fuite en Égypte et la naissance de Jésus.

ÉCOLE RUSSE.

433 — Un prélat de l'église grecque.
434 — Résurrection du Christ.

ÉCOLE VÉNITIENNE.

435 — Sujet allégorique.

ÉCOLE ITALIENNE.

436 — L'enlèvement de Proserpine.

ÉCOLE ESPAGNOLE.

437 — La Vierge dite Goadaloapa,

MINIATURE SUR VÉLIN.

438 — Achille à la cour de Pyrrhus.
439 — Sous ce numéro quelques tableaux non catalogués.

www.ingramcontent.com/pod-product-compliance
Lightning Source LLC
Chambersburg PA
CBHW030050230526
45471CB00003B/1025